Loreen Werbelow

Der Einfluss der Demagogen im 5. Jh am Beispiel Perikles

GRIN Verlag

Bibliografische Information der Deutschen Nationalbibliothek:

Die Deutsche Bibliothek verzeichnet diese Publikation in der Deutschen National-
bibliografie; detaillierte bibliografische Daten sind im Internet über http://dnb.d-
nb.de/ abrufbar.

Impressum:

Copyright © 2011 GRIN Verlag GmbH
Druck und Bindung: Books on Demand GmbH, Norderstedt Germany
ISBN: 978-3-656-34982-2

Dieses Buch bei GRIN:

http://www.grin.com/de/e-book/207204/der-einfluss-der-demagogen-im-5-jh-am-
beispiel-perikles

GRIN - Your knowledge has value

Der GRIN Verlag publiziert seit 1998 wissenschaftliche Arbeiten von Studenten, Hochschullehrern und anderen Akademikern als eBook und gedrucktes Buch. Die Verlagswebsite www.grin.com ist die ideale Plattform zur Veröffentlichung von Hausarbeiten, Abschlussarbeiten, wissenschaftlichen Aufsätzen, Dissertationen und Fachbüchern.

Besuchen Sie uns im Internet:

http://www.grin.com/

http://www.facebook.com/grincom

http://www.twitter.com/grin_com

I. Einleitung

Die Faszination für die Rhetorik ist allgegenwärtig und begegnet uns täglich in den Medien - sei es in der Politik oder in der Werbung. Sie ist ein unsichtbares Machtinstrument, welche die Person, die es beherrscht, geschickt für ihre Vorteile nutzen kann. Das Interesse an der Rhetorik spiegelt sich nicht nur in den Buchhandlungen wieder, sondern auch in den Angeboten der zahlreichen Rhetorikkurse. Die Möglichkeiten der Rhetorik wurden in der Zeit, in der die Antike Staatsform der Demokratie aufkam, erkannt und umgesetzt.

Dieser Aufsatz beschäftigt sich mit dem Einfluss der Demagogen in der Zeit des 5. Jh. v. Chr. und versucht der Frage nachzugehen, welche Bedingungen einerseits notwenig waren, um der Rolle eines Demagogen gerecht zu werden und andererseits, wie es den Rednern gelang, einen so großen Machteinfluss in der Antike zu bekommen.

Nach der Einführung in den historischen Kontext wird die antike Staatsform thematisiert. Diese bildet die Grundlage für das Verständnis von der Ursache und von der Art und Weise, wie die Demagogen Einfluss auf das politische Geschehen nehmen konnten. Die Pflichtlektüre des Seminars „Der Peloponnesische Krieg" diente mir dabei als Grundlage für den Aufbau des Aufsatzes. Ein bedeutender Rhetoriker dieser Zeit war Perikles, ein Stratege und Mitstreiter des Krieges. Dieser Person galt mein Interesse für die Hervorhebung und das Verständnis der Rolle der Demagogen im antiken Griechenland.

II. Historischer Kontext

Der Peloponnesische Krieg, der zwischen den Hegemonien Athen und Sparta in den Jahren von 431- 404 v. Chr. stattfand, wird als eines der wichtigsten Ereignisse und Wendepunkte der Antike im 5. Jh. v. Chr. betrachtet. Der Historiker Thukydides war ein Zeitzeuge und verfasste eine Monographie über dieses Ereignis, welches bis heute als wichtigstes Dokument für diese Zeit dient.

Dieser Krieg war nach Thukydides schwerwiegender als alle zuvor[1] und brach aufgrund mehrerer Anlässe aus. Die Hauptursache liegt seiner Ansicht nach im Machtaufstieg der Athener bis 431 v. Chr., der Sparta zum Handeln zwang. Die Spartaner sahen bereits einen

---

[1] Vgl. Thuk. I, 21.

Großteil Griechenlands in den Händen Athens und entschlossen sich schließlich aus Furcht vor Ehrverlust zum Krieg.[2]

Zuvor jedoch reihten sich mehrere Konflikte aneinander, die zu der Kriegssituation führten: zunächst wäre der Konflikt um Kerkyra zu nennen. Diese Stadt gehörte zwar weder dem Peloponnesischen Bund noch dem Attischen Bund an, ging dann jedoch ein Defensivbündnis mit Athen ein.[3] Mit dieser Entscheidung sahen die Korinther, ein spartanischer Bündnispartner, den 30-jährigen Frieden gebrochen und entschieden sich zur Rüstung auf den Krieg.[4] Der zweite Anlass geht auf das Vorgehen Athens gegen die korinthische Kolonie Poteidaias zurück. Die Forderungen seitens Athen, die Mauern auf der Seeseite herunter zu reißen, die Beamten auszuweisen und Geißeln zu stellen, widersetzte sich Poteidaia, wandte sich an Korinth und Sparta und bat um militärische Unterstützung.[5] Der athenische Handelsboykott gegen die Stadt Megara stellt den dritten Anlass dar. Auf einen Antrag des Perikles wurde die Getreide- und Holzzufuhr der Stadt unterbrochen, sodass die Seemächte des Peloponnesischen Bundes daran gehindert werden sollten, ihre Kriegsflotte weiter auszubauen.[6]

Diese Unternehmungen und Entscheidungen seitens Athen führt nun dazu, dass die „Lakedaimonier erklärten, dass der Vertrag gebrochen und ein Krieg notwendig sei."[7]

III. Demokratie und Demagogen

Der Begriff und die Form der Demokratie wie wir sie heute verstehen, ist nicht gleichzusetzen mit der antiken Staatsform, die sich in der zweiten Hälfte des 5. Jh. v. Chr. herausbildete. Der Begriff als solcher begegnet uns erstmals bei Herodot[8], nachdem im Jahre 508/7 v. Chr. die Phylenreform des athenischen Aristokraten Kleisthenes die Anfänge der Demokratie in Athen begründete.[9] Diese Staatsform ist nicht durch ihren normativen Aufbau gekennzeichnet, sondern durch die Anteilnahme der Bürger, die diese Staatsform als

---

[2] Vgl. Thuk. I, 23; 88.
[3] Vgl. Thuk. I, 44.
[4] Vgl. Thuk. I, 55.
[5] Vgl. Thuk. I, 56-72.
[6] Vgl. Schulz, R., S.77-78.
[7] Thuk. I, 88.
[8] Vgl. Hdt. VI, 43.
[9] Vgl. Cartledge, P., S. 15.

„eigentümliche Verfassung und Lebensform"[10] begriffen. Cartledge beschreibt die antike Demokratie als „ein ganz und gar soziales Phänomen: eine Kultur und nicht bloß ein politisches System".[11] Die Forschungsliteratur spricht von einer „radikalen Demokratie"[12], oder als „die Herrschaft der Minderheit über die Mehrheit".[13] Diese Aussagen werden bestätigt, wenn man nur zwei der Unterschiede, die Cartledge im Vergleich zur heutigen Demokratie anführt, betrachtet: Die Demokratie der Griechen war eine direkte - im Gegensatz zu unserer repräsentativen Staatsform. Es existierte keine Gewaltenteilung. Der *demos* hatte die Macht und verfügte über die Entscheidungskompetenz aller Bereiche.[14] 170.000- 200.000 Personen lebten zur damaligen Zeit in Attika. Doch nur 30. - 50.000 hatten das Recht an politischer Teilhabe, denn die Sklaven, Frauen und Metöken wurden vom politischen Leben in Athen ausgeschlossen.

Der wichtigste Ort für demokratische Entscheidungsprozesse und Wortgefechte war die Volksversammlung (*ekklesia*). Hier konnte jeder männliche, freie Bürger von seinem Bürgerrecht Gebrauch machen, indem er Anträge stellte, oder sich bei Abstimmungen beteiligte. Jedoch nutzten in der Praxis nur Wenige die Gelegenheit, das Wort in der Volksversammlung zu ergreifen.

Um auf der Rednerbühne zu brillieren, war die Kunst, die Rhetorik zu beherrschen, von großer Bedeutung. Sie zählte zu den „Schlüsselkompetenzen der griechischen Politiker".[15] Selbstbewusstsein und Redetalent gingen einer anspruchsvollen Ausbildung voraus. Die berühmten Redner wie Demosthenes oder Cicero mussten lange mühsame Atem- und Modulationsübungen über sich ergehen lassen, um in der Öffentlichkeit dieser anspruchsvollen Aufgabe gerecht zu werden.[16] Für die Aneignung dialektischer und rhetorischer Fähigkeiten waren die Sophisten, sogenannte Wanderlehrer, verantwortlich. Für den Unterricht, der neben der Rhetorik die Naturwissenschaften, Geschichte und Politik beinhaltete, interessierten sich meist Personen aus gut begüterten Häusern, die sich die kostspielige Angelegenheit finanzieren konnten. Sie hofften darauf, in der

---

[10] Schulz, R., S.32.
[11] Cartledge, P., S.12.
[12] Schulz, R., S.32.
[13] Bleicken, J., S.462.
[14] Vgl. Cartledge, P., S.13-14.
[15] Büchner, F., S.512.
[16] Vgl. Büchner, F., S.513.

Volksversammlung schlagfertiger auf Gegenargumente reagieren zu können und dadurch den eigenen Erfolg voranzutreiben.[17] Büchner beschreibt die Redner als „Sprachrohr für die Wünsche und Begehrlichkeiten des Volkes als auch [als] Führungspersönlichkeiten"[18], die an der Spitze des Volkes standen. Man gab ihnen den Namen „prostatai tou demou" (Vorsteher des Volkes) oder „Demagogen" (Führer des Volkes).[19] Doch der Begriff der Demagogen, den wir aus heutiger Perspektive eine negative Konnotation zukommen lassen, wurde in der antiken Zeit wertneutral verwendet. Denn sie spielten nicht nur in der Entscheidungsfindung eine wichtige Rolle, sondern informierten die Bürger auch über außenpolitische Veränderungen.

Nach Thukydides haben sich zur Zeit des Krieges zwei Zäsuren hervorgehoben, die das Verhältnis der Demagogen zum Volk veränderten: Die erste Zäsur ist nach dem Tod des Perikles zu setzen - denn zuvor hatten die Demagogen das Volk entsprechend über die politische Verhältnisse informiert und das Volk sicher geführt. In folgenden Jahren hingegen „betrieben sie von Staats wegen alles Mögliche, was mit dem Krieg augenscheinlich nichts zu tun hatte, aus persönlichem Ergeiz und persönlicher Gewinnsucht, doch zum Nachteil Athens [...]; solche Unternehmungen brachten bei Erfolg dem Einzelnen Ehre und Vorteil, schadeten aber beim Scheitern der Stadt im Krieg".[20] Die Entscheidungsfindung der Demagogen beruhte demnach auf individuellen und emotionalen Motiven, die ohne Rücksicht auf die athenischen Ressourcen getroffen wurden und die Stabilität Athens schwächten. Die Schwächung Athens (und somit auch die der demokratischen Struktur) begünstigte die Aktivität der Oligarchen. Diese konnten 411 ein oligarchisches Regime einführen, da die Bevölkerung - durch die militärische Niederlage der Sizilienexpedition verängstigt und zweifelnd an der Demokratie - sich diesen nicht widersetzte. Dieses Ereignis setzt die zweite Zäsur. Obwohl die Oligarchie nur wenige Monate bestehen konnte und die Demokratie wieder eingeführt wurde, gelang es Athen nicht zu der inneren Stabilität zurückzufinden, um die kritische Lage des Krieges zu lösen.

---

[17] Vgl. Schulz, R., S.48.
[18] Büchner, F., S.513.
[19] Vgl. Mann, C., S.15.
[20] Thuk. II, 65.

IV. Perikles

Festzustellen ist, dass das Quellenmaterial über Perikles sehr vielfältig ist und die Aktualität dieser Person sich immer wieder in neuen Aufsätzen und Monographien bestätigt. Angefangen von Thukydides und Plutarch bis hin zur Biographie von W. Will (1993) oder dessen Monographie über Thukydides und Perikles (2003). Die Ansichten über Perikles reichen von einem Staatsmann, der „die Athener gemacht, zu einem faulen, feigen, geschwätzigen, geldgierigen Volk, indem er sie zuerst zu Söldlingen erniedrigt"[21] habe bis hin zu einer Darstellung im Werk des Thukydides, der ihm, aufgrund seiner rhetorische Fähigkeiten und seinem hohen Ansehen in der Gesellschaft, eine positive Darstellung zukommen lässt.[22]

Perikles kam um 494 v. Chr. in einer aristokratischen Familien zur Welt, gehörte mütterlicherseits zu den Alkmäoniden und war verwandt mit Kleisthenes. Er genoss, neben der traditionellen athenischen Erziehung, die eher praktische und ethische Inhalte in den Mittelpunkt stellte, eine intellektuelle. Diese grenzte sich von dem üblichen Ausbildungsprogramm ab, förderte seine Begabung und stillte seine Wissbegier. Der Athener Damon und später Anaxagoras von Klazomenai waren verantwortlich für seine geistige Schulung und formten ihn zu der Person, die nach Triumph, Ruhm und Anerkennung in der Polis strebte.[23]

Seine politische Karriere begann im Jahre 462 v. Chr., in welchem er erstmals zum Strategen gewählt wurde. Durch dieses Amt wurde ihm neben militärischer Machtbefugnis auch ein enormer politischer Einfluss gewährt. Nachdem Perikles bei der Umsetzung der Reformen des Ephialtes beteiligt war, verschaffte er 457 den Zeugiten den Zugang zu den Beamtenstellen und führte die Diäten ein, um auch den Armen Zugang zu politischen Entscheidungsprozessen zu ermöglichen. Mit den Neuerungen stieg die Anteilnahme am politischen Geschehen. Damit hielt die Demokratie nicht nur Einzug in die Öffentlichkeit, sondern auch in das Bewusstsein der Bürger Athens. Diese Unternehmungen sicherten Perikles eine Machstellung. Ab 443 wurde er 15 Jahre in Folge zum Strategen gewählt - eine

---

[21] Plat. Gorg., 515.
[22] Bsp. dafür Thuk. I, 139-144.
[23] Vgl. Günther, L.-M., S.41.

Zeit, die Schulz als „Ära des Perikles"[24] bezeichnet. Sein Erfolg begründete sich darauf, dass kein anderer zuvor die Rolle als Demagoge so für sich nutzte und beherrschte. Nach Ansicht von C. Schubert verfügte keiner seiner Nachfolger über diese Weitsicht und kontrollierte Klugheit.[25] Diesen Äußerungen gingen natürlich auch Kritiken voraus. So formulierte Platon den Vorwurf, dass die Redner sich emotional haben leiten lassen, anstatt verantwortungsbewusst im Sinne der Stadt gehandelt zu haben.[26]

Nach der einführenden Darstellung der Person richtet sich der nächste Teil auf die Rede des Perikles im Thukydideischen Werk. Bevor die Rede des Perikles näher analysiert wird, muss zunächst darauf hingewiesen werden, dass es dem Historiker nicht möglich war, den genauen Wortlaut und Inhalt der Reden wiederzugeben. Demnach steht die Authentizität der überlieferten Quelle in Frage vor dem Hintergrund, ob diese Rede nach der Erfahrung der katastrophalen Niederlage Athens entsprechend von Thukydides verändert worden sind. Es ist anzunehmen, dass Thukydides die Reden so gestaltete, wie sie seiner Ansicht nach in der Situation hätten gehalten werden müssen.[27]

V. Die Gefallenenrede

Die Gefallenenrede ist im zweiten Buch in den Abschnitten 35 - 47 zu finden. Sie ist eine von insgesamt vier Reden. Meiner Ansicht nach ist es die Bedeutendste, wenn es um die Hervorhebung der rhetorischen Künste des Perikles geht. Der Krieg war erklärt und hatte durch zahlreiche Unternehmungen Menschenleben gefordert. Den Opfern des ersten Kriegsjahres gebührte ein großes Staatsbegräbnis sowie eine Rede, die traditionsgemäß von einem Mitglied der Führerschicht gehalten werden sollte.

Im Anfang der Rede werden von Perikles die Vorfahren geehrt, denn sie hätten ihr Leben dem Gemeinwesen geopfert. Ihrer Einstellung sei es zu verdanken, dass die Stadt über die nötige militärische Ausrüstung verfüge, sodass Athen weder im Krieg noch im Frieden auf fremde Hilfe angewiesen sei.[28] Die ausführliche Darstellung der abgewehrten Angriffe, durch

---

[24] Schulz, R., S.33.
[25] Vgl. Schubert, C., S.12-13.
[26] Vgl. Plat. Georg., 517.
[27] Vgl. Thuk. Die Methode.
[28] Vgl. Thuk. II, 36.

die Athen an Macht und Fläche zunahm, hält Perikles jedoch für überflüssig - diese sein allgemein bekannt.[29]

Im Anschluss hält Perikles ein Plädoyer für die Staatsform der Athener - die Demokratie. Diese einzigartige Verfassung fungiere nach Perikles als Vorbild für alle anderen und sei charakterisiert durch die Gleichheit eines jeden politisch engagierten Bürgers, des Armen nicht ausgenommen. Aus der Demokratie als Staatsform zum einen und der die sie tragenden Athener zum anderen resultiere ein Staat, der frei sei vom gegenseitigen Misstrauen. Die Zustände und Möglichkeiten in Athen, z.b. die Wettkämpfe, die schönen Ausstattungen der Häuser, ermöglichen den Athenern Entspannung und Erholung, sodass ihnen zur Arbeit ein Ausgleich geschaffen werde und sie ein zufriedenes Leben führen können.[30]

Nun erfolgt eine Hervorhebung des Militärwesens, in dem sich Athen stark von seinen Gegnern unterscheide. Die Spartaner werden zwar zu mutigen Soldaten erzogen, doch dies sei kein Vorteil gegenüber Athen. Perikles führt dafür die Unternehmungen der Spartaner an, dass diese nur mit Verbündeten in Attika einfielen, währenddessen Athen auf weitere Unterstützung verzichtete.[31]

Nachdem Perikles die Aufzählung der Vorzüge der Stadt Athen, die er als „Schule Hellas"[32] bezeichnet, beendet, kommt es erst im letzten Drittel zum eigentlichen Anlass der Rede: zur Ehrung der Gefallenen. Der Wert jeden Mannes, so beschreibt Perikles, offenbare sich in einem Ende, wie diese Gefallenen es erlebt hätten. Ihr „erwiesener Heldenmut muss höher gewertet werden; durch Gutes tilgten sie Böses und nützten so dem Gemeinwesen mehr, als sie im Privatleben geschadet haben".[33] Die Gefallenen stellten sich lieber dem Kampf, anstatt zu flüchten. Dass sie ihr eigenes Leben für Athen opferten, bringe ihnen Lob und ein ehrvolles Grab zur Erinnerung an ihre Taten.[34]

Nach der Ehrwürdigung appelliert Perikles an die Bürger Athens. Sie sollen ihnen nacheifern, das Glück in der Freiheit erkennen, denn für Perikles sei es für einen ehrenvollen Mann

---

[29] Vgl. Thuk. II, 36.
[30] Vgl. Thuk. II, 37-38.
[31] Vgl. Thuk. II, 39
[32] Thuk., II, 41.
[33] Thuk., II, 42.
[34] Vgl. Thuk. II, 43.

schmerzlicher „die Schmach der Feigheit als der im Bewusstsein der Kraft und der gemeinsamen Hoffnung eintretende empfindungslose Tod".[35]

Der letzte Abschnitt der Rede richtet sich an die Angehörigen der Gefallenen. Perikles bezeichnet den Tod der Gefallenen als ruhmvoll und sagt, dass die Hoffnung auf neue Kinder gerichtet werden solle. Die Brüder und Söhne werden aufgerufen die gleichen Leistungen zu vollbringen, damit ihnen gleiches Lob zukomme.[36] Abschließend gibt Perikles noch ein Versprechen, dass der Staat die Söhne der Gefallenen aufziehen werde.

VI. Analyse der Gefallenenrede

In den einleitenden Worten gibt Perikles die Schwierigkeit vor, den richtigen Ton der Rede zu treffen. Er kritisiert schon zu Beginn seine Fähigkeiten der Rhetorik und verschafft sich eine Situation, in der die Zuhörer die Inhalte seiner Rede weniger kritisieren können.[37] Der Dubitatio anschließend, erfolgt die Aufzählung der Errungenschaften der Athener. Beginnend bei den Vorfahren bis hin zu den jetzt Lebenden, verwendet er das stilistische Mittel der Klimax, in der die Ehr- und Ruhmwürdigung eine Verstärkung in der Ausdruckskraft erhält. Ab dem 37. Abschnitt fällt auf, dass Perikles den Kollektivsingular mehrmals einsetzt: „die Staatsverfassung, die wir haben, [...] sind wir selbst für manchen ein Vorbild, als das wir andere nachahmten".[38] Diese kollektive Ansprache ist eine von Perikles bewusst gewählte Form, die das Zusammengehörigkeitsgefühl der Athener wieder aufkommen und verstärken lassen soll. Die entstandenen Dispositionen – gegenüber der Einstellung zum Krieg - wird dadurch wieder auf eine einheitliche Ebene gebracht. Zudem verweist Perikles nicht nur auf die vorbildliche Staatsform der Athener, sondern auch über die Gelegenheiten, welche die Stadt zu ihrem Wohlergehen bereitstellt. In der Methodik der Aufzählung von Euphemismen erwähnt er die Wettkämpfe, die zur geistigen Entspannung beitragen, die geschmackvolle Ausstattung der Häuser und das Glück die eigenen Erzeugnisse des Landes genießen zu können. Perikles beschönigt das Leben, die Verhältnisse in der Stadt und stellt Athen als das Ideal einer Stadt vor. Allein in Athen habe jeder die

---

[35] Thuk. II, 43.
[36] Vgl. Thuk. II, 45.
[37] Vgl. Thuk. II, 35.
[38] Thuk. II, 37.

Möglichkeit individuell leben zu können. Das sei die Wahrheit der Tatsachen und werde auch in Zukunft so sein. Dadurch ruft Perikles nicht nur das Bewusstsein hervor, stolz zu sein, in einer Stadt wie Athen leben zu dürfen, sondern gibt auch gleich die Perspektive vor, dass die Situation weiterhin bestehen bleibe. Mit dieser Aussage greift Perikles weit vor, denn indirekt formuliert er, dass Athen als Sieger des Krieges hervorgehen wird. Im letzten Drittel äußert sich Perikles über den Verlust der Gefallenen. Durch seine empathischen Äußerungen, gibt er vor, nachvollziehen zu können, wie es ist, einen geliebten Menschen zu verlieren. Er rückt von der Stellung des Strategen zur gleichgestellten mitfühlenden Person.

In seiner Rede bekommt Perikles die Gelegenheit, seine Politik und den Aufruf zum Krieg zu rechtfertigen und Stellung zu beziehen. Schließlich war er es, der die Bürger Athens in den Krieg getrieben hatte.[39] Nun stehen die Menschen vor den ersten Opfern des Krieges und werden mit der schrecklichen Situation, ein Familienmitglied verloren zu haben, konfrontiert. Doch mit seinem „Raffinement und sinnverdrehenden Täuschungen, die [...] den Charakter perikleischer Rhetorik"[40] prägen, schafft er es, seine Zuhörer von der Wahrheit seiner Aussagen zu überzeugen, aus ihrer emotionalen Lage zu reißen und weiter für die Herrschaft Athens zu kämpfen. Versetzt man sich in die Lage einer betroffenen Person, wäre es durchaus legitim für die Beendigung des Krieges einzutreten. Nach den Ereignissen jedoch ist bekannt, dass trotz menschlicher Verluste weiterhin am Kriegsgeschehen teilgenommen wurde. Ruhm, Stärke und die Macht der Stadt Athens standen einzelne Menschenleben gegenüber, die jedoch keine Berücksichtigung fanden.

VII. Schlussbemerkung

Die Bedeutung der Demagogen im 5. Jh. v. Chr. wird von Thukydides indirekt in einem Satz beantwortet, denn die Verfassung sei „nur dem Namen nach eine Demokratie, in Wirklichkeit aber [sei sie] eine Regierung Athens durch den ersten Mann".[41] Denn der Redner war in dem Augenblick, wo er sich auf dem Hügel der *ekklesia* befand, der Kopf der Menge. Er fungierte als Vormund, um orientierungslose Bürger in eine bestimmte Richtung zu führen und war somit maßgebend für die Gestaltung der Zukunft einer ganzen Stadt.

---

[39] Vgl. Thuk. I, 127.
[40] Büchner, F., S.510.
[41] Thuk. II, 65.

Doch das Problem der Demagogie hatte das Volk Athens - mit der Entscheidung zur radikalen Demokratie - selbst zu verantworten. Die durch die Ausbildung erworbenen rhetorischen Fähigkeiten gepaart mit Ansehen und Erfolg waren die Instanzen, mit der sich ein Stratege an die Spitze der Führung katapultieren konnte. Diese Macht trug die Gefahr in sich, Moral und Vernunft zu vergessen, rein egoistisch und emotional zu handeln und damit das Land in katastrophale Zustände zu lenken. Die Menge verfiel der Magie des Auftritts der Demagogen und wurde erst von der Realität wieder eingeholt, als sie z.B. von der Katastrophe der Sizilienexpedition erfuhren. Das politische Geschehen in Athen wurde zwar von den Entscheidungen des Volkes gelenkt, diese jedoch stützten sich auf die Versprechungen in den Plädoyers. Die Rede war das Phänomen der Antike, welches aus heutiger Sicht nicht mehr den Stellenwert haben kann, wie es früher der Fall war. Die Oralität und der Mensch an sich, stehen den Medien aus der voranschreitenden Technologisierung in moderner Zeit gegenüber.

Eine abschließende eindeutige Aussage, ob Perikles in seiner politischen aktiven Zeit bis zu seinem Tod, moralisch und verantwortungsvoll gegenüber seiner Stadt und den Hellenen gehandelt hat, ist aufgrund unterschiedlicher Quellenzeugnisse nicht zu treffen. Wahrscheinlich war auch in dem Wesen des Perikles die Mentalität, das Streben nach Ruhm und Ehre, ohne Rücksicht auf die Folgen, fest verankert. Fest steht, dass es in seiner Regierungszeit zu einer gewaltigen Ausbreitung des athenischen Territoriums kam und seine Nachfolger wie Alkibades Athen in die Richtung des Scheiterns trieben. Aufgrund der Zeugnisse von Thukydides steht die Legitimation der Reden des Perikles zwar in Frage, aber die Faszination, die ein Mensch allein durch sein Auftreten hervorrufen kann und rund 6000 Bürger der Volksversammlung dazu animieren kann in den Krieg zu ziehen, ist beachtlich. Deshalb komme ich abschließend zu der Aussage, dass das Erlernen der rhetorischen Fähigkeiten der Schlüssel sein konnte, um das Tor in eine Herrschaft des Einzelnen zu eröffnen!

VIII. Quellen- und Literaturverzeichnis

Quellenverzeichnis

Herodot, Historien, übers. von A. Horfneffer, hrsg. und erläutert von H.W. Haussig, Stuttgart 1971.

Platon, Georgias, in: Sämtliche Werke, übers. v. F. D. Schleiermacher, hrsg. v. W. F. Otto, E. Grassi u. G. Plamböck, Bd. 1, Hamburg 1957.

Thukydides, Der Peloponnesische Krieg, hrsg. und übers. v. H. Vretska u. W. Rinner, Stuttgart 2000.

Literaturverzeichnis

Bleicken, Jochen, Die athenische Demokratie, Paderborn 1995.

Büchner, Frank, Redekunst - zwischen Deklamation, Dialog und Dialektik, in: Die Griechische Welt, Erinnerungsorte der Antike, hrsg. von E. Stein-Hölkeskamp u. K.-J. Hölkeskamp, München 2010.

Cartledge, Paul, Eine Trilogie über die Demokratie, hrsg. vom Zentrum für Altertumswissenschaften der Universität Heidelberg, Stuttgart 2008.

Demandt, Alexander, Antike Staatsformen. Eine vergleichende Verfassungsgeschichte der Alten Welt, Berlin 1995.

Günther, Linda-Marie, Perikles, Tübingen 2010.

Mann, Christian, Die Demagogen und das Volk. Zur politischen Kommunikation im Athen des 5. Jahrhunderts v. Chr., Berlin 2007.

Schubert, Charlotte, Perikles, Darmstadt 1994.

Schulz, Raimund, Athen und Sparta, Darmstadt 2003.

Will, Wolfgang, Thukydides und Perikles. Der Historiker und sein Held, hrsg. von G. Alföldy und F. Kolb, Bonn 2003.